木曽健司のオリジナルカットシリーズ 2

木曽健司の
季節・行事・お約束カット集
&あいうえおカード

もくじ

イラストをかくコツ教えます……………2

季節のイラスト
4月…………………14
5月…………………18
6月…………………22
7〜8月………………26
9月…………………32
10月…………………36
11月…………………40
12月…………………44
1月…………………48
2月…………………52
3月…………………56

行事のイラスト
遠足…………………60
プール開き……………62
七夕、夏祭り…………64
宿泊保育……………66
運動会………………68
生活発表会、音楽会…70

約束のイラスト
園での約束…………72
夏休みの約束………78
交通安全のための約束…82

★本書のイラストは、教育現場で使用するためのものです。
営利目的での無断複製は著作権侵害となります。

黎明書房

木曽健司の
季節・行事・お約束カット集
&あいうえおカード

もくじ

●イラスト／木曽健司
●編集協力／オフィス・クーニー

木曽健司の

季節・行事・お約束 カット集 &あいうえおカード

イラストをかくコツ教えます

う〜ん...

だ、だめだ！うまくいかない！

アーノルドひらめき博士

どうしたんじゃ？

ほんとに へたくそ じゃな...。

おたよりのイラストがうまくかけなくて困っているんです……

そうか、それではこの本を参考にしてみたらどうじゃ。

でも……今回は自分でちゃんとしたイラストをかいてみたいんです！

ほう〜

だけどこのイラストでは
笑われそうで……
笑われるじゃろうな……
がくっ
よしよし、わしがイラストを
かくコツを教えて
しんぜよう。
おねがいしま〜す。
でも、こんな私にでも
本当にかけるのかな〜。
よっぽど
自信が
ないのじゃな……
まかせなさい!
最初は、好きなイラストをみつけて
マネをしてかいてみよう。
まずは顔からかいてみようか。
は〜い!

顔で大事なことは目の位置じゃ。
目の位置で年齢差が出てしまうからの。
動物も人間と同じように、目の位置で
年齢差が出せるんですね。

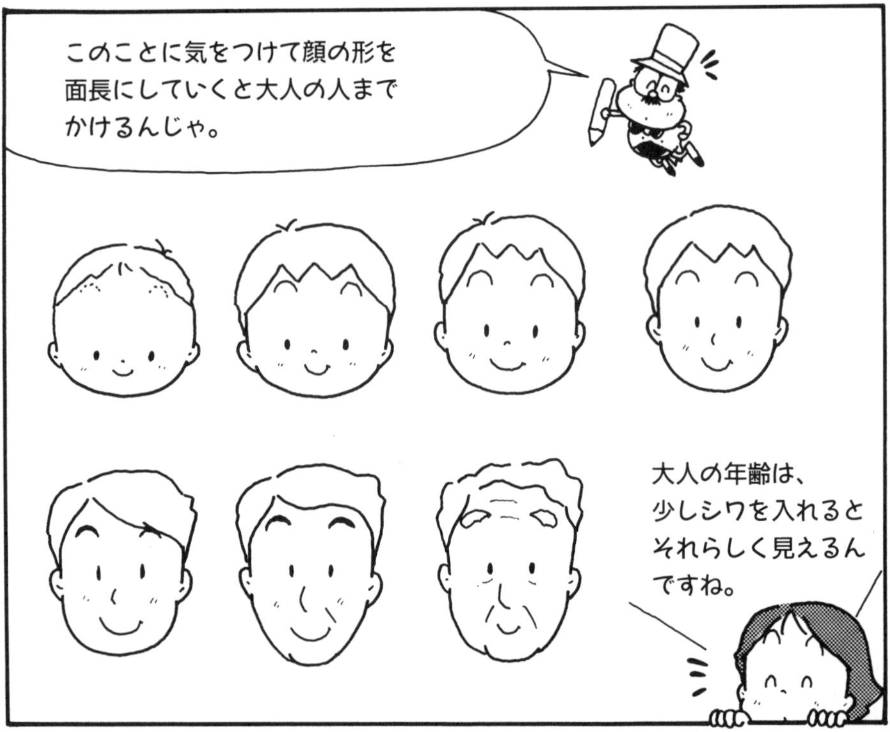
このことに気をつけて顔の形を
面長にしていくと大人の人まで
かけるんじゃ。
大人の年齢は、
少しシワを入れると
それらしく見えるん
ですね。

こんどは表情をつける練習じゃ。
表情で性格も出せるからな。
よし！がんばろう！
まず、同じ顔でいろいろな表情を
出す練習じゃ。
へ～え、けっこう変わる
ものなんですね。
少し慣れたら顔の角度を考えて、
それらしく見せてごらん。
わ～い、
楽しいな～

表情の出し方のコツはわかったかな。次は身体の動きを入れてみよう。ちょっとむずかしくなるけれどかいてみよう！
いろんなポーズをかくとき元気よくだいたんにかくことがポイントじゃよ。

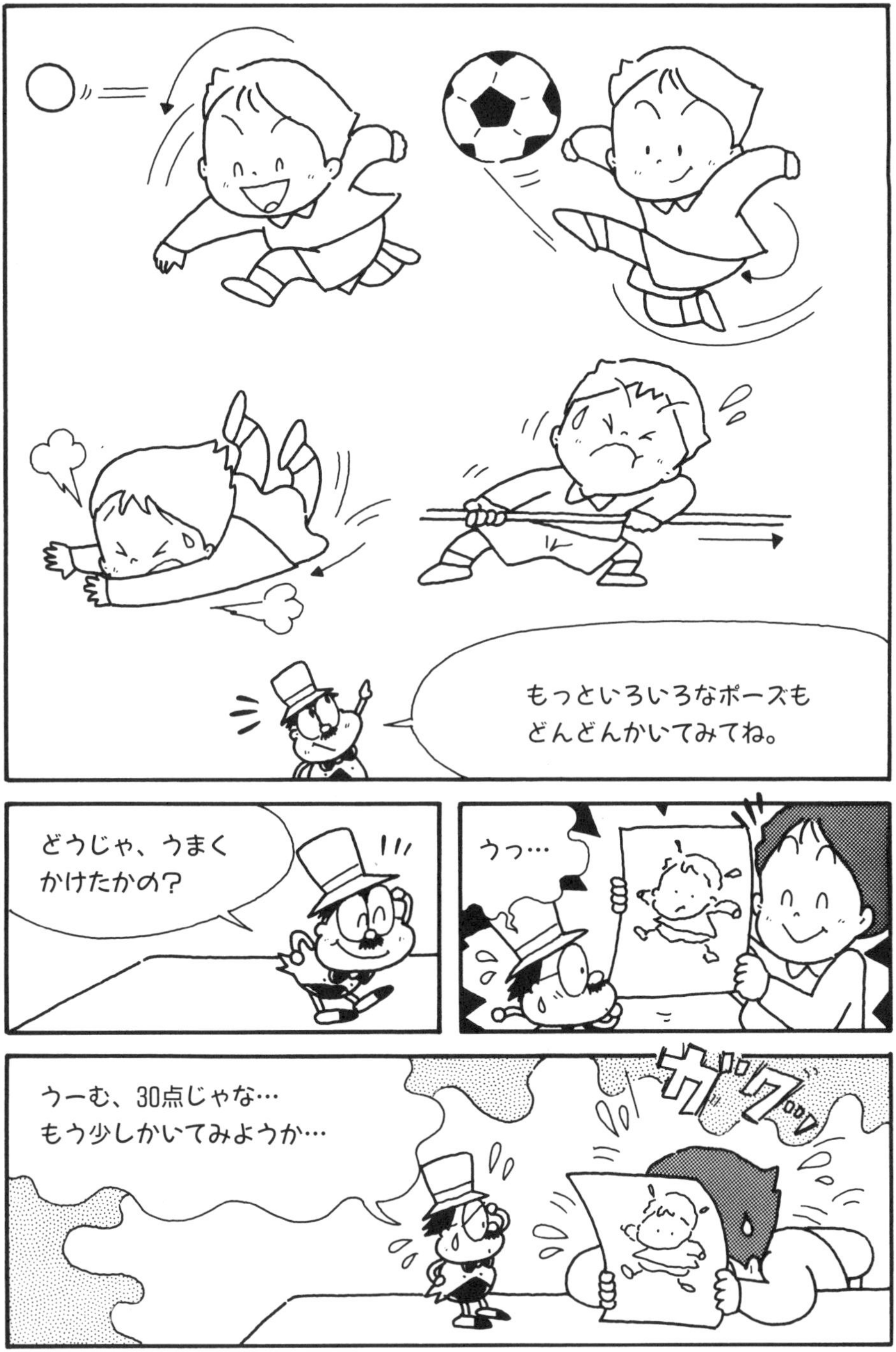
もっといろいろなポーズも
どんどんかいてみてね。
どうじゃ、うまく
かけたかの？
うっ…
うーむ、30点じゃな…
もう少しかいてみようか…
ガグッ

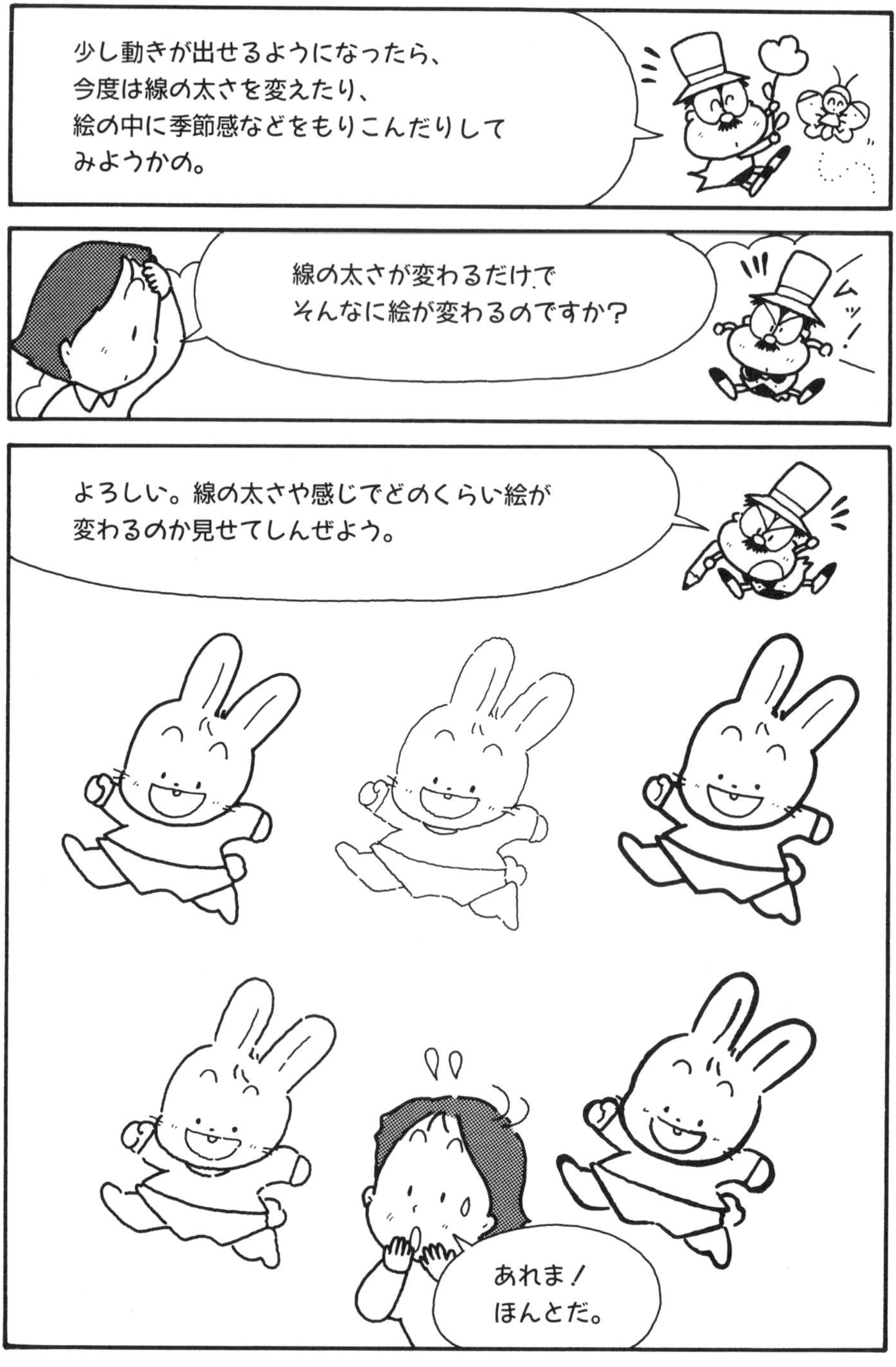
少し動きが出せるようになったら、
今度は線の太さを変えたり、
絵の中に季節感などをもりこんだりして
みようかの。
線の太さが変わるだけで
そんなに絵が変わるのですか？
ムッ！
よろしい。線の太さや感じでどのくらい絵が
変わるのか見せてしんぜよう。
あれま！
ほんとだ。

わかればいいのじゃよ。こんどは
まわりに花や落ち葉など
季節感のあるものをかいてごらん。
きせつ…
同じイラストでも、まわりのものや
手に持たせるものでこんなに絵が
変わってくるのじゃよ。
いや〜っ、おみごと！

どうじゃな、かくコツが
少しはわかってきたかな？
なんとなく…
慣れてきたら、身のまわりのものを
何でもいいから擬人化してみよう。
なんでもかんでもキャラクターに
してしまうんじゃ。
ギジンカ？
うまくできたかな？

今度は季節のキャラクターを組み合わせたり、
いろいろなキャラクターの組み合わせでいっそうの
コウカを出す練習じゃ。
お弁当がはじまるよ。
なんでも食べてね!
音楽会ですよ!
わーい、
楽しいですね!

いろいろなキャラクターが
動かせたり性格づけが
できるようになったら
もうだいじょうぶじゃ!
いや〜〜
なかなか

いろいろかいてみて少しは上達したかな?
心の中で明るく、楽しく、元気な子ども達や
動物達を思いうかべながらかいていくと、
自然にそういうものがかけるようになるもんじゃよ。
かおり先生もだいぶうまくなったが、
まだ60点ぐらいじゃな。
みないで!
この本のイラストを見ながらどんどん
かいてうまくなってほしいもんじゃ。
よし! がんばるぞ!
ガクッ
でも、ちょっと
疲れたから、ひとやすみ、
ひとやすみ。
ところではかせ、ここのお約束の
イラストはどんな使い方をすれば
いいの?
よくぞ聞いて
くれました!
なんてね

まずはコピーで
大きくひきのばして……
よいしょっ
文字を入れれば
お約束のポスターに！
ゴミはゴミバコへ
いれよう！
縮小したり原寸のまま使えば、
おたよりや表彰状などにも
使えるぞ。
えんだより
ごみ
この本には、そのほかにも
月別のカットもいっぱい
のっておる。
楽しいおたよりに利用して
ほしいもんじゃな。
うれし〜いっ！
よーし！　なんだかいろいろ
できそうな気になってきた！
がんばるぞ〜！
その調子！
その調子！

4月のこんだて

おべんとうが
はじまるよ!!

まいごに
なっちゃった〜〜！

なまえを
かいてね

えん

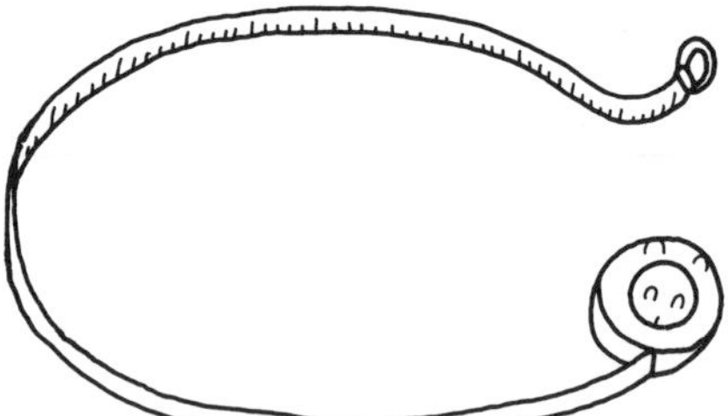

5月のきゅうしょく

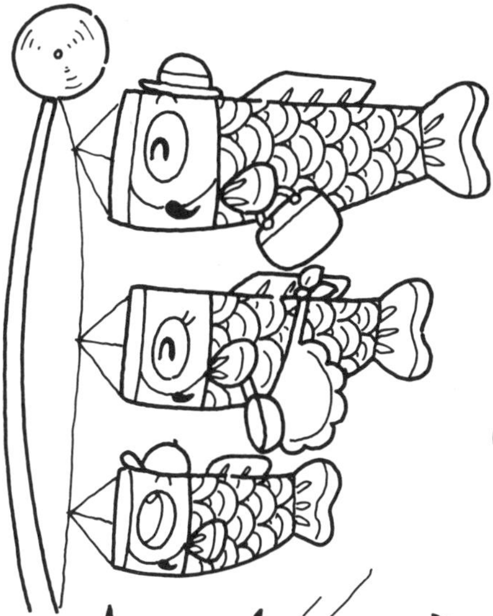

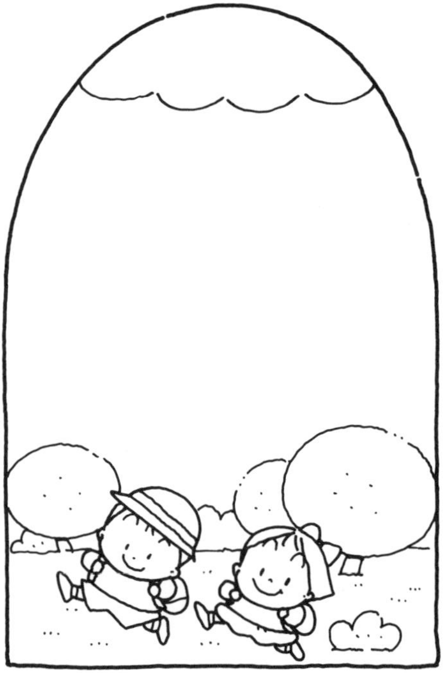

6月のメニュー

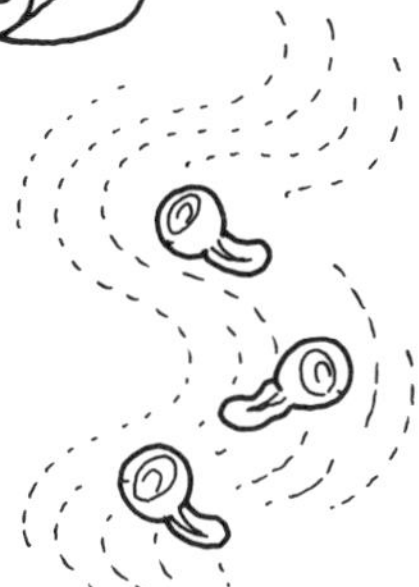

12
1
2
3
4
5
6
7
8
9
10
11

はみがき

はみ

ころもがえ

ぼくの おとうさん

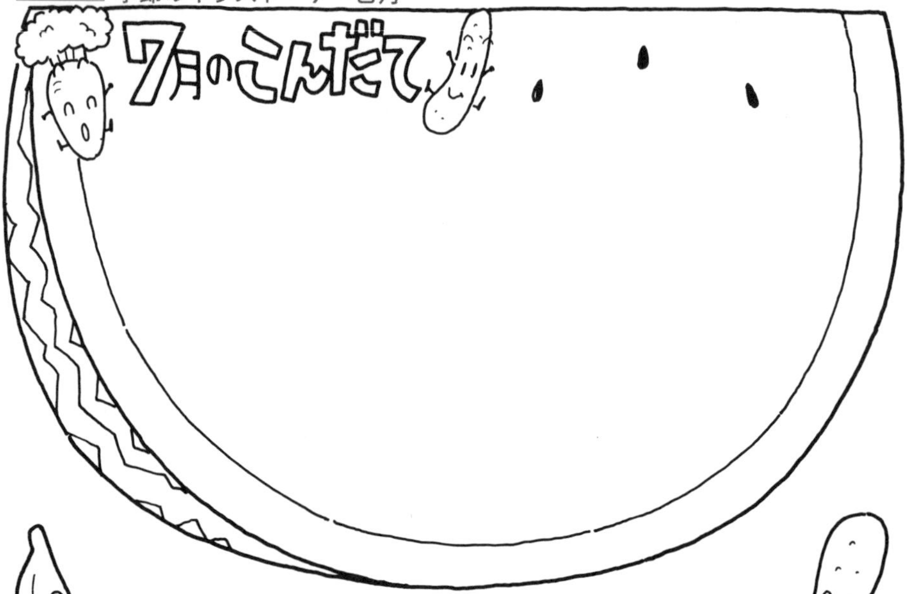
7月のこんだて

なつ
やすみ

わたがし

8月

9月のこんだて

けいろうのひ

ひなん くんれん

お月見

お月見ですよ

10月のこんだて

祭

ころもがえ

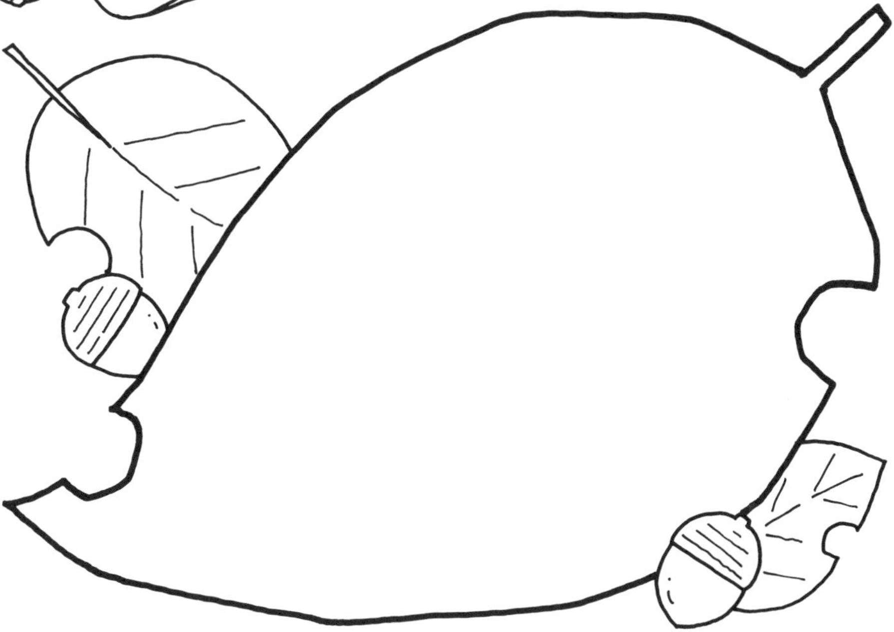

11月のこんだて

おいもパーティー!

七五三
七五三
七五三

ごくろうさま！

12月のこんだて
メリー
クリスマス

1月のこんだて

お正月

たこたこあがれ

500
100
おとし玉
タヌちゃん

う
う

あけまして
おめでとう
リスオ

2月のこんだて

3月のこんだて

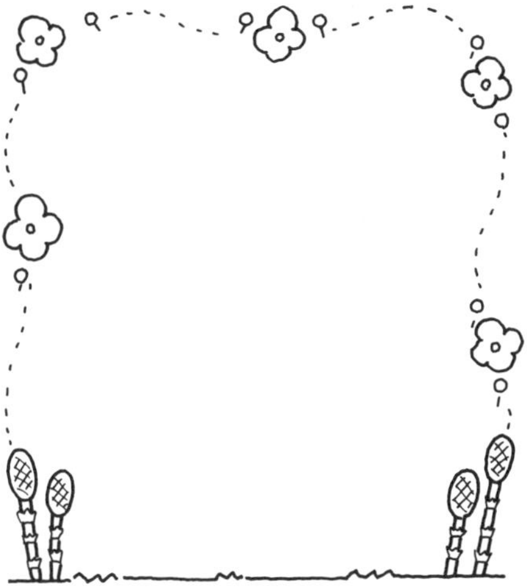

えんそく

えんそくの
おしらせ

えんそくの
おしらせ

プールびらきのおしらせ

プールびらき

プールびらきの おしらせ

たなばた

せんせいになりたい!
パイロットになりたい!

夏まつりの
おしらせ

おとまり保育の
おしらせ

宿泊保育があります。

宿泊保育のおしらせ

運動会のおしらせ

たのしいうんどうかい

のり

生活発表会

音楽会のおしらせ

◆園での約束

あそんだ あとは てを
あらいましょう。

せっけんで きれいに
あらいましょう。

つめは いつも
きってもらいましょう。

ハンカチ、ティッシュを
わすれないでね。

よく かんで ゆっくり
たべましょう。

あせを かいたら
きれいに ふきましょう。

てあらい、うがいを
しっかり しましょう。

しょくじの まえには
てを あらいましょう。

◆園での約束

すいどうを つかった あとは
きちんと とめましょう。

うすぎに しましょう。

すききらいを いわないで
なんでも たべましょう。

もちものは きれいに
かたづけましょう。

ぬいだ くつは きちんと
くつばこに いれましょう。

トイレで あそばないように
しましょう。

ひとりで きがえられるように
しましょう。

じゅんばんを まもりましょう。

◆園での約束

しずかに すわって たべましょう。

あそんだ あとは みんなで
かたづけましょう。

つかった ものは きまった
ところに いれましょう。

ブランコの そばでは
あそばないようにしましょう。

ゴミは ゴミばこへ
すてましょう。

かさは きちんと とじて
かさたてに いれましょう。

たべた あとは かたづけましょう。

◆夏休みの約束

そとから　かえったら　てあらい
うがいを　しましょう。

つめたいものを
たべすぎないように　しましょう。

あそびに　いくときは　いきさきを
おうちのひとに　いってから　いきましょう。

しらない ひとに ついて
いかないように しましょう。

はなびを するときは かならず
おとなの ひとと しましょう。

こどもだけで スーパーや おみせへは
いかないように しましょう。

◆夏休みの約束

そとへ でるときは ぼうしを
かぶりましょう。

はやね はやおきを しましょう。

おうちの おてつだいを しましょう。

ゲームや テレビは じかんを
きめて まもりましょう。

きめられた じかんに
いえに かえりましょう。

いけや かわへ こどもだけで
いかないように しましょう。

おやつは じかんを きめて
たべましょう。

◆交通安全のための約束

おうだんほどうを　わたりましょう。

しんごうを　まもりましょう。

ほどうきょうの　あるところでは　ほどうきょうを　わたりましょう。

ふみきりの しゃだんきは
ぜったいに くぐっては いけません。

じてんしゃは 1れつに
ならんで はしりましょう。

どうろに とびだしては いけません。

◆交通安全のための約束

くるまの まえや うしろでは
あそばないように しましょう。

えきの ホームでは はしらないように
しましょう。

バスに のるときは じゅんじょよく
のりましょう。

こうじげんばで あそんでは いけません。

みちを あるくときは ふざけたり しないで
1れつに ならんで あるきましょう。

はがきの作り方教えます

まず好きな図案を選んで、134パーセントに拡大コピーする。絵のすみにしるしが引いてあるじゃろ。しるしに合わせてはさみやカッターで切るとはがきの大きさになるから便利じゃよ。
なるほど
まず、コピーをとる。
コピーッ
カシャ〜ッ
コピーしたものに文字をかきこんで……
それをはがきにコピーする。
カシャーッ
またまたコピー……
好きな色に色づけしたら、できあがり。
はっはっはっ 私は天才だ!!
ガクッ

こんどは98ページから101ページのカットを組み合わせて自分なりのオリジナルを作ってみよう。
オリジナル
96、97ページの中から使いたいはがきのコピーをとって……
カシャ〜ッ
コピーッ！
カットの好きなものを切りとったら、はりこんでと……
はりこみっ！
ぺたっ
よしっ
修正！
できたらもう一度コピーをとってと。はった線などが出てたら修正ペンなどでいらない線を消したものを版下にするんじゃ。
プリントゴッコなどにも使えるし、色つきの紙などにコピーするとそれだけでも楽しいぞ。あとは一言そえればできあがりじゃ。
こんなにできた！

106ページからはこんなカードものっておるぞ。どうじゃ。
うわ〜っ
コピーができる少し厚手の紙を使うと、そのままカードになるから便利じゃろ。年賀状が終わったら作ってみるかの。
ほんとだ！
そうだ！
は・か・せ〜。
なんかいやな予感…
わーい。私カード作ってみるからはかせ宛名書きしといてくださいね！
どさっ
これ！これ！

暑中お見舞
申し上げます

おげんきですか？

なつだよ!
なつだよ!

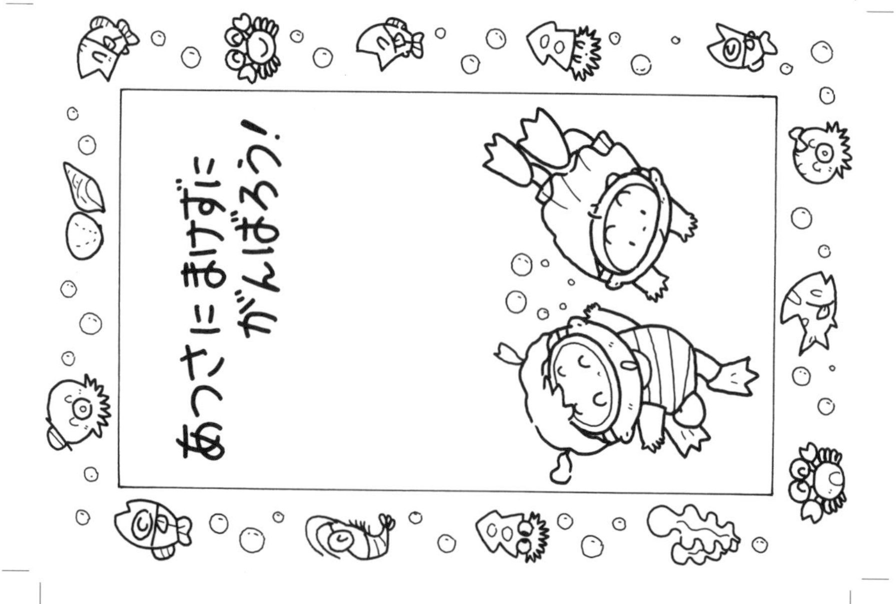
あつさにまけずに
がんばろう!

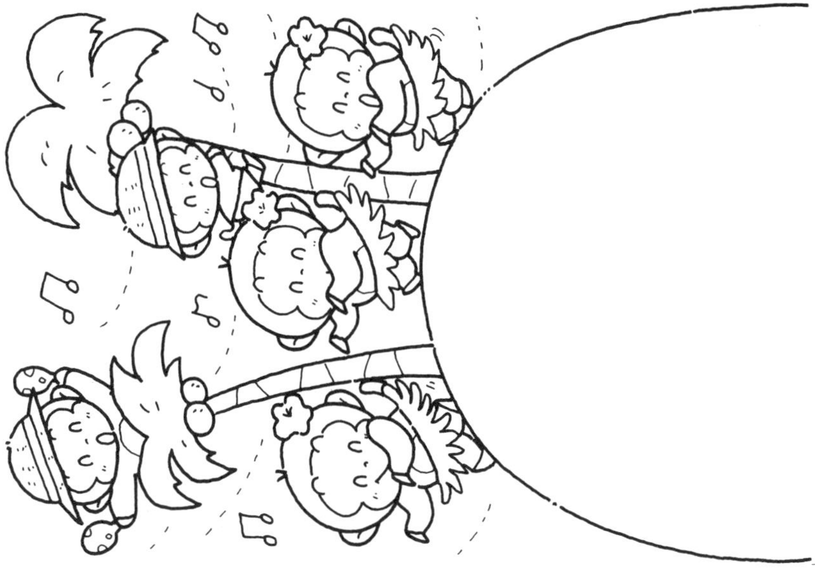

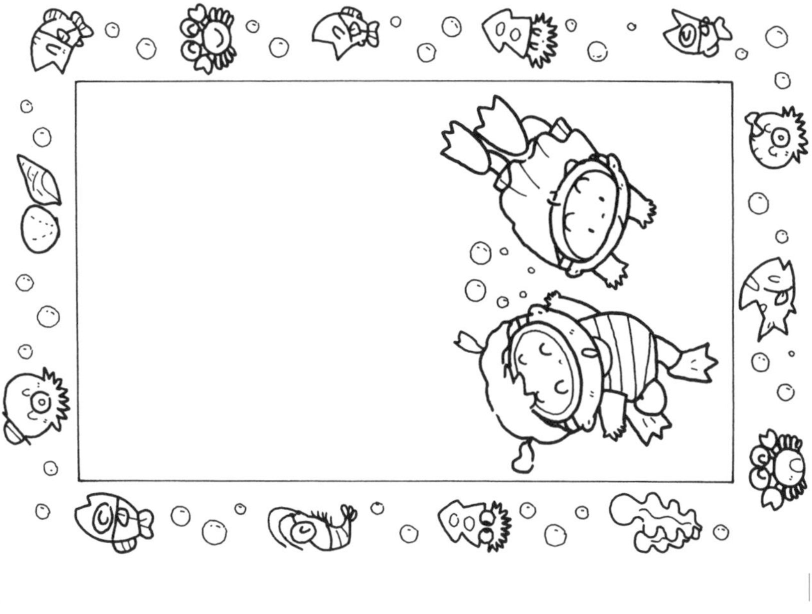

あけまして
おめでとう
ございます

A HAPPY NEW YEAR

あけましておめでとう ございます

新年 あけまして おめでとう ございます

今年もよろしく おねがいします

A HAPPY NEW YEAR

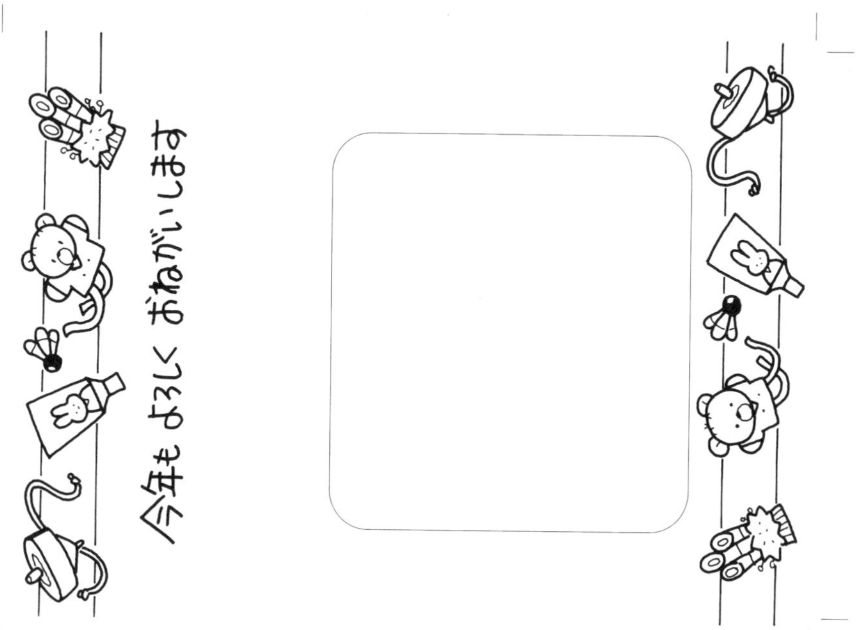

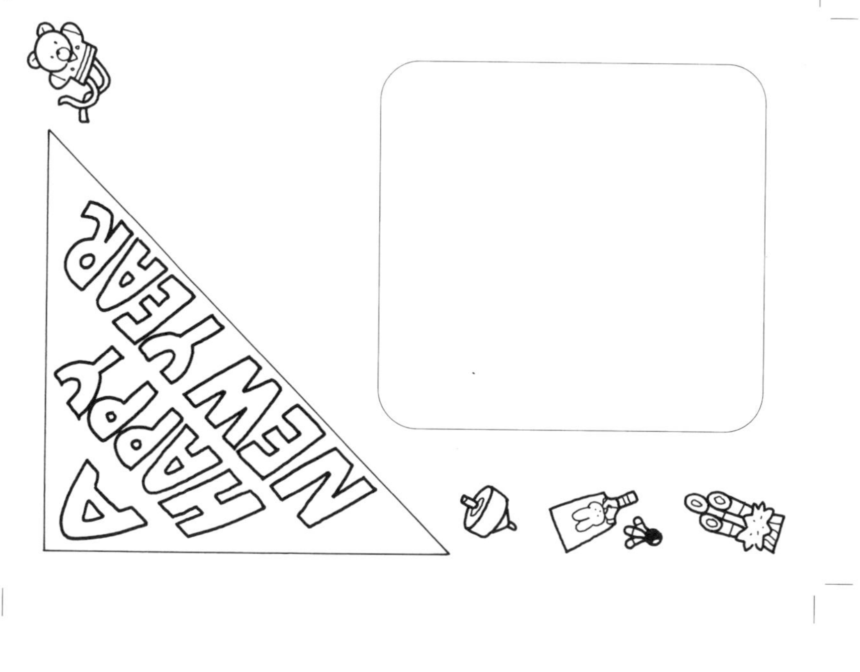

さん
はやく よくなってね
みんな まってるよ！

はやく げんきに
なってね
さん

ごにゅうえん おめでとうございます

ごしんきゅう
おめでとうございます

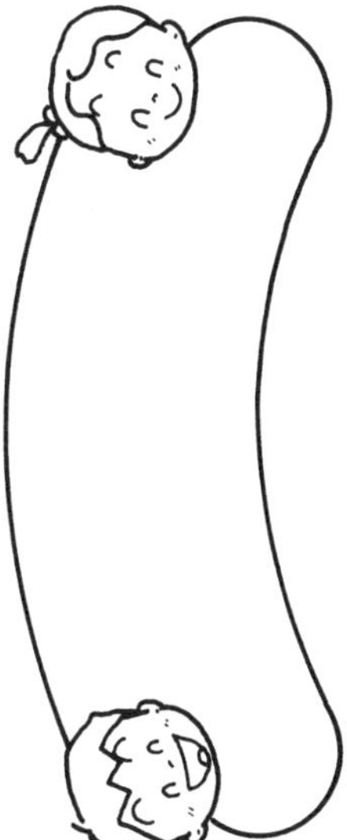

♥カード

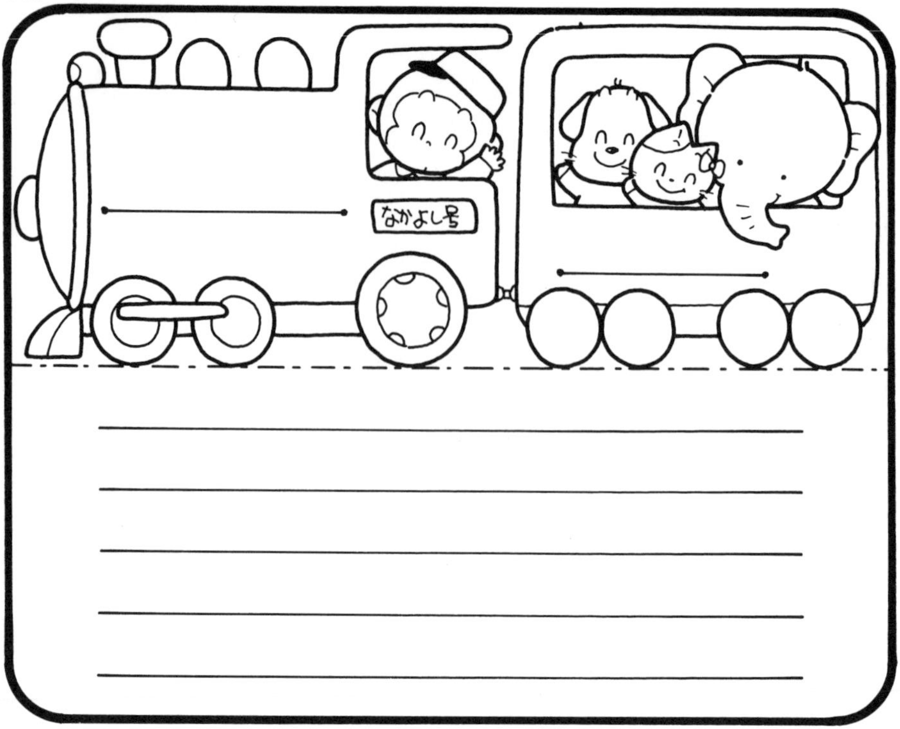
なかよし号

ー・ー・ー・ー たにおり

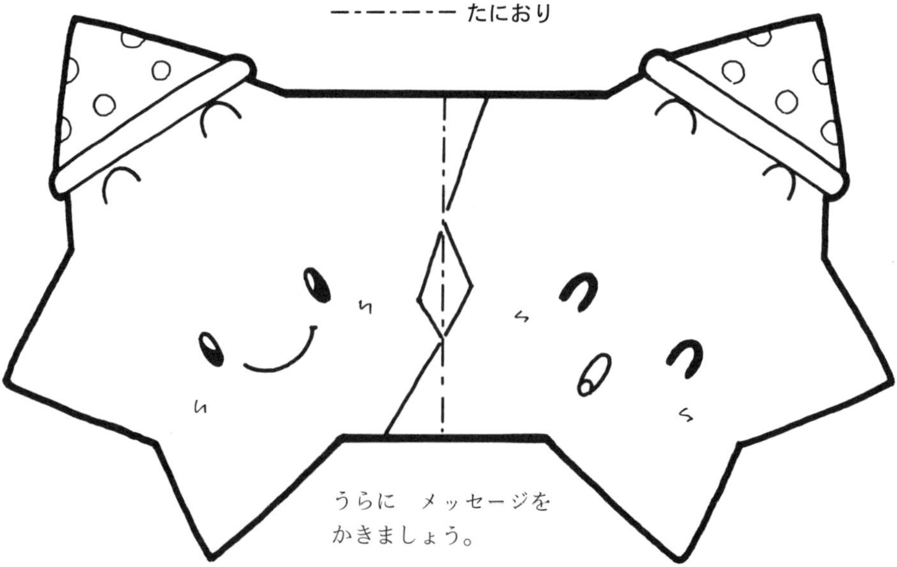
うらに　メッセージを
かきましょう。

- - - - - - - - やまおり
-・-・-・-・-たにおり

あいうえおカードを作りましょう

はかせ～っ、アーノルドちゃ～ん！

ポン！

こんどはなんじゃなかおり先生。

あっいたいた。

楽しく文字が覚えられるものってなにかないですか……。

文字が覚えられるカードなんじゃが、カルタとしても使えるぞ。

カルタか…

それなら、114ページからのあいうえおカードを使ってみたらどうじゃ！

こ..これは…

パラ

カルタ遊びをしながら
ものの名前が覚えられるし、
楽しいじゃろ。作ってみるか？
つくる！つくる！
作りかたはいつもといっしょじゃ。
少し厚手の紙で、
拡大してコピーをとって
色をつけたらできあがりじゃ。
厚手の紙でコピーが
とれないときは、コピーを
とったものに厚紙などを
はり合わせればよいぞ。
はりあわせ
できた！
へっ！はやいの……
かおり先生も少しは
慣れたみたいじゃの……。
はかせ！
このあいうえおカードって
ぬり絵としても使えそうですね。
きょうはどうしたんじゃ、
さえとるな。
熱でもあるんじゃ
ないか？
なんとっ

ド〜ン
ぬり絵をさせるなら、こんなものを用意したらどうじゃな。
わっ！大きい！
ほれっ
まず、本の絵を拡大コピーする。2〜3回拡大すると大きなものになるぞ。
大きくなった！
コピーッ
コピーッ
コピーッ
大きく拡大するときは、コピーの線があらくなってくるので、コピーしたものを油性ペンなどでなぞるか、別の紙に写すといいぞ……
油性ペン
ライトボックスなどがあれば便利なんじゃが、ない場合は、次のページのようなものを作ってみよう。

簡単なライトボックスの
応用。
ガラステーブル
コピーした絵を
うつす紙
けいこうとうなど
を下から てらす。
できたら１枚ずつ園児たちに
ぬり絵をさせよう。
ぬり
ぬり
ぬり絵ができたら
厚紙や段ボールに
はり合わせて完成じゃ。
はる
い
保育室いっぱいにカードを
広げてカルタとり大会を
するとおもしろいぞ！
う
い
あ
楽しいカルタとり大会の
ためじゃ！かわいいカードを
作るんじゃぞ!!
がんばる

あいうえおカード

あひるが　あめを
もらって　ありがとう。

いぬが　いもほり
かご　いっぱい。

うさぎと　うしの
うんどうかい。

えびの　えを　かく
えかきさん。

おにと　おうさま
おもちゃで　あそぶ。

かえると　かんがるーが
かいがんで　かいひろい。

きつねと　きりん
ききゅうで　そらへ。

くまが　なかよく
くりすます。

けーきが　いっぱい
けむしの　ぱーてぃ。

こどものひ　こあらと
ごりらの　こいのぼり。

さるも　だいすき
さんりんしゃ。

しかと　しまうま
しょうぼうしゃで しゅつどうだ。

すべりだい　すいすいすべる
すずめの　こ。

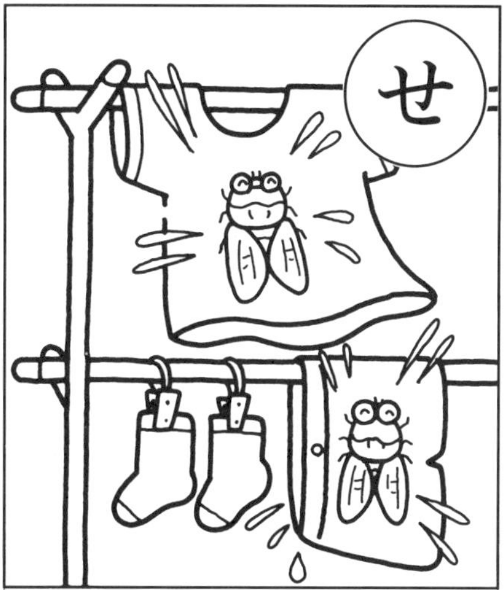

せみが　とまった
せんたくもの。

そとの　そうじは
ぞうに　おまかせ。

たぬきの　たこは
たこの　もよう。

ちゅーりっぷ　ちょうちょと
なかよし　おともだち。

つばめが　とんだ
つみきの　おしろ。

てれびを　みている
てるてるぼうず。

とまとが　とんとん
とらんぽりん。

ながぐつ　はいて
なすびが　おでかけ。

にじの　はし　2わの
にわとり　わたっていくよ。

ぬいぐるみ　たくさん
ならんで　かわいいな。

ねこと　ねずみの
おにごっこ。

のりもの　たくさん
どれが　すき。

はちが　はたらく
はなばたけ。

ひまわりと　いっしょに
あそぶ　ひよこたち。

ふねで　りょこう
ぶたの　かぞく。

へるめっとを　かぶった
へんな　へび。

ほしぞらを　ほうきに　のって
とびたいな。

まつりだ　わっしょい
まめの　おみこし。

みかんと　ぶらぶら
みのむし　ぶらんこ。

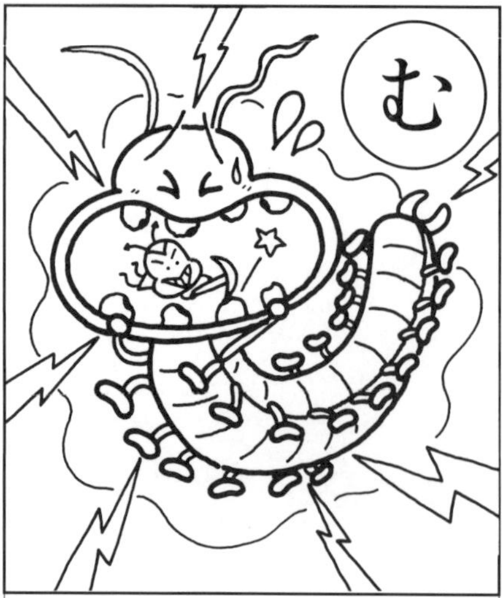

むしばが　いたい
むかでの　こ。

めだかの　えんは
かわのなか。

もぐらの　もちつき
つちの　なか。

やぎの　えんそく
やまの　うえ。

ゆりかご　ゆらゆら
ゆきだるま。

ようちえん　よっとに
のって　いきたいな。

らいおんの　らっぱは
らくだが　こまる。

りすも　だいすき
りんごの　りょうり。

るすばん　へっちゃら
いってらっしゃい。

れもんの　おうちは
れいぞうこ。

ろばの　ろーらーすけーと
ころころ　すべる。

わなげは　わにに
おまかせ。

ふたりで　なかよく
ほん を　よむ

ん の　つく　どうぶつ
だいしゅうごう。

＊予備のカードとしてお使いください。

絵 ● 木曽健司

1957年広島県生まれ。京都精華短期大学マンガクラス専攻科卒業。幼児番組、幼児ビデオ、幼児雑誌、絵本のイラストなどを多数手がける。

【主な作品】
『木曽健司のオリジナルカットシリーズ①　木曽健司のクラスだより・園だより集&給食だより・保健だより』
『保育のアイディア⑥　木曽健司のオリジナル表彰状&カード』（黎明書房）
『つぎとまります！』『ごちゅうもんをどうぞ』（講談社）
『おばけやしきでみつけっこ』（草炎社）
『世界で１つだけの絵がかけるほん』（ひかりのくに）

編集協力 ● オフィス・クーニー

木曽健司《きそけんじ》の季節《きせつ》・行事《ぎょうじ》・お約束《やくそく》カット集《しゅう》&あいうえおカード

2010年11月10日　初版発行

著　者	木《き》　曽《そ》　健《けん》　司《じ》
発行者	武　馬　久　仁　裕
印　刷	舟橋印刷株式会社
製　本	協栄製本工業株式会社

発　行　所　　株式会社　黎《れい》　明《めい》　書《しょ》　房《ぼう》

〒460-0002　名古屋市中区丸の内3-6-27 EBSビル
☎052-962-3045 FAX052-951-9065　振替 00880-1-59001
〒101-0051　東京連絡所・千代田区神田神保町1-32-2
南部ビル302号　☎03-3268-3470

落丁本・乱丁本はお取替します　ISBN978-4-654-05182-3

木曽健司のクラスだより・園だより集&給食だより・保健だより

木曽健司著
Ａ５・132頁　1500円

木曽健司のオリジナルカットシリーズ①　コピーして書き込めば心にとどく手づくりおたよりが完成！　アレンジに使えるイラストや題字も。『かきこみ式・コピーでできる木曽健司の園だより・クラスだより』改題・改版。

子どもを動かす魔法のゲーム31
付・じょうずに子どもを動かす10のヒント

斎藤道雄著
Ｂ６・93頁　1200円

黎明ポケットシリーズ①　口で言われただけではできない、おかたづけや静かにすること、集中すること、順番を待つことなどが、遊んでいるうちにできるようになる魔法のゲームを31種紹介。

幼稚園・保育園の
かならず成功する運動会の種目60

斎藤道雄著
Ａ５・109頁　1800円

付・見栄えをよくするための17のヒント　運動会の演技がどうも見栄えがしないという悩みを解消するヒント集。種目の選び方、子どもの並ばせ方、演技の順番や練習方法など、運動会を成功させるコツが満載。

活動を始める前の
ちょこっとシアターBEST41

グループこんぺいと編著
Ａ５・93頁　1600円

幼稚園・保育園のクラス担任シリーズ④　日々の保育や行事で子どもたちが集中しないときに、子どもたちの心をギュッとつかむ簡単シアターを、そのまま使える言葉かけとともに紹介。帰りの会の前に「ちらり劇場」／ほか。

こんな日、こんなときの
ちょこっと製作あそびBEST22

グループこんぺいと編著
Ａ５・93頁　1600円

幼稚園・保育園 クラス担任のアイディア①　「いも掘り」「運動会」「参観日」や「急に時間があいたとき」「外であそべないとき」、子どもの「元気がないとき」などに使える、手軽にできる製作あそびを紹介。

あそんで学ぶ数・形

グループこんぺいと編著
Ａ５・93頁　1600円

幼稚園・保育園の学びシリーズ①　「『今日の数字』でまた明日」「いろんな形 見つけごっこ」「数をかぞえて買い物競争」「○△□のクッキーを作ろう」など、無理なく楽しく数や形の感覚が身につくアイディアが満載。

あそんで学ぶ文字・言葉

グループこんぺいと編著　中島千恵子執筆
Ａ５・93頁　1500円

幼稚園・保育園の学びシリーズ②　「文字探検に出発！」「繰り返し言葉あつまれ～」「こしょこしょ伝言ゲーム」「『動物de文字カード』あそび」など、子どもが無理なくどんどん文字や言葉を吸収していくアイディアが満載。

表示価格は本体価格です。別途消費税がかかります。

クレヨンからはじめる幼児の絵画指導

芸術教育研究所監修　松浦龍子著
B5・64頁(内カラー24頁)　2000円

保育のプロはじめの一歩シリーズ①　3～5歳児が楽しく絵を描くための絵画指導の実践を紹介。身のまわりにある草花や食べ物を題材にした指導法を解説。絵の具、色鉛筆へと画材を発展させた実践も紹介。

心もからだもまるごと育てる表現あそび12カ月

芸術教育研究所監修　多田純也著
B5・80頁　1700円

保育のプロはじめの一歩シリーズ②　からだ全体を動かし心をときほぐす、季節に即した表現あそびを紹介。仲間とコミュニケーションをとる楽しさも味わえ、保育者も一緒になって楽しむことができます。

発達が気になる子どもの保育

芸術教育研究所監修　両角美映著
B5・104頁　1900円

保育のプロはじめの一歩シリーズ③　「困った子」と思われてしまう子を、保育者はどのように支援したらよいのか。実際の園生活の場面をふまえ、イラストを交え具体的にわかりやすく紹介。

幼児の絵画指導 "絵の具" はじめの一歩

芸術教育研究所監修　松浦龍子著
B5・64頁(内カラー24頁)　2000円

保育のプロはじめの一歩シリーズ④　食べ物や草花、飼っている動物など身近な題材で、絵の具を初めて使う子どもが興味をもって取り組める指導法を紹介。点描、絵の具の混色、色の濃淡などの基礎的な絵画表現を展開。

乳幼児のリトミックあそびはじめの一歩

芸術教育研究所監修　津村一美著
B5・96頁　1900円

保育のプロはじめの一歩シリーズ⑤　「げんこつやまのたぬきさん」「いないいないばあ～」など身近なあそびや絵本を使い、五感や表現力、集中力、想像力などを育てる、0歳からできる楽しいリトミックあそびを紹介。

0～3歳　木育おもちゃで安心子育て
3～5歳　木育おもちゃで安心子育て

東京おもちゃ美術館館長　多田千尋著
B6・94頁　各1200円

豊かな感性を育み、手先や言葉の発達を促し、社会性や造形力を育て、想像力や構成力を伸ばす、安心、安全な木のおもちゃの教育的特性、選び方、遊び方を、0～3歳、3～5歳編に分け東京おもちゃ美術館館長が紹介。

幼稚園・保育園の楽しい食育あそび42

CD付「食育のうた・おなかがグー」

石川町子著
B5・93頁　2000円

みんなで楽しくあそびながら食物に親しめ、食物の役割を理解できる食育あそびを紹介。コピーしてあそびに使える型紙や「子どもの食生活チェック表」もあります。「食育のうた・おなかがグー」のCD・楽譜付き。

表示価格は本体価格です。別途消費税がかかります。